15-MINUTEN-SINGLE-KÜCHE

Schneller als der Pizza-Service

Autorin: Martina Kittler | Fotos: Fotos mit Geschmack

QUALITÄTS G|U GARANTIE

DIE GU-QUALITÄTS-GARANTIE

Wir möchten Ihnen mit den Informationen und Anregungen in diesem Buch das Leben erleichtern und Sie inspirieren, Neues auszuprobieren. Bei jedem unserer Bücher achten wir auf Aktualität und stellen höchste Ansprüche an Inhalt, Optik und Ausstattung. Alle Rezepte und Informationen werden von unseren Autoren gewissenhaft erstellt und von unseren Redakteuren sorgfältig ausgewählt und mehrfach geprüft. Deshalb bieten wir Ihnen eine 100 %ige Qualitätsgarantie.

Darauf können Sie sich verlassen:
Wir legen Wert darauf, dass unsere Kochbücher zuverlässig und inspirierend zugleich sind.
Wir garantieren:
- dreifach getestete Rezepte
- sicheres Gelingen durch Schritt-für-Schritt-Anleitungen und viele nützliche Tipps
- eine authentische Rezept-Fotografie

Wir möchten für Sie immer besser werden:
Sollten wir mit diesem Buch Ihre Erwartungen nicht erfüllen, lassen Sie es uns bitte wissen! Wir tauschen Ihr Buch jederzeit gegen ein gleichwertiges zum gleichen oder ähnlichen Thema um. Nehmen Sie einfach Kontakt zu unserem Leserservice auf. Die Kontaktdaten unseres Leserservice finden Sie am Ende dieses Buches.

GRÄFE UND UNZER VERLAG
Der erste Ratgeberverlag – seit 1722.

INHALT

TIPPS UND EXTRAS

20 SUPPEN & EINTÖPFE

32 VEGGIE-GERICHTE

44 MIT FISCH UND FLEISCH

DAS FIXE DINNER FOR ONE

Wenig Organisation, kleiner Aufwand: Es macht Freude, sich selbst mit einem leckeren Essen zu verwöhnen. Wir zeigen Ihnen wie und verraten die besten Einkaufs- und Kochtipps für Singles.

Nur für sich allein zu kochen lohnt sich nicht, glauben viele Singles. Manchmal kommt man spät abends aus dem Büro nach Hause und keiner wartet auf einen. Und dann soll man auch noch lange am Herd stehen? Verständlich, dass viele Alleinstehende dazu oft keine Lust haben und lieber zu Tiefkühlpizza und Fertiggerichten greifen, die wenig Aufwand und Chaos in der Küche verursachen und schnell zubereitet sind. Aber das ist auf Dauer keine Lösung, gesund kochen sieht anders aus. Denn schon mit wenigen Zutaten kann man leckere, gesunde und frische Single-Gerichte für jeden Tag auf den Tisch zaubern. Dafür müssen Sie nur 15 Minuten am Herd stehen. Anfangs brauchen Sie vielleicht etwas länger, aber mit etwas Übung und cleverer Planung geht dann alles blitzschnell von der Hand.

SINGLEGERECHT EINKAUFEN

Das ist leichter gesagt als getan. Denn die meisten Supermärkte sind nicht für den Ein-Personen-Haushalt ausgestattet, sondern verkaufen viele Produkte, die sich mengenmäßig an dem Bedarf von Familien orientieren. Bei großen Packungen und Sparangeboten wie »Kauf zwei, zahl eins« schwindet die Lust, für sich allein zu kochen. Zudem sind kleinere Packungsgrößen im Vergleich oft teurer als größere. Um frische Zutaten in Mini-Portionen zu kaufen, gehören Wochenmärkte mit ihrer großen Vielfalt und dem abwechslungsreichen Angebot zu unserer Top-Empfehlung. Dort sind fast immer Bio-Bauern vertreten, die eigenes Gemüse und Obst anbieten und genau die Mengen abwiegen, die Sie benötigen. Vielerorts liefern sie ihre Ware auch per Abo-Kiste nach Hause – nach Absprache zusammengestellt nach Ihren Wünschen. Die perfekte Lösung für Berufstätige, die wenig Zeit zum Einkaufen haben! Auch beim Metzger oder Fischhändler ist es kein Problem, nur 100 g Tatar oder ein Fischfilet zu kaufen, während im Supermarkt Mini-Portionen oft nur in kleiner Auswahl erhältlich sind.

CLEVER LAGERN

Wer sich jederzeit ein leckeres Essen kochen möchte, braucht nur wenige Zutaten. Vieles wie Bulgur, Polenta, Nudeln, Kartoffeln, Zwiebeln, Tomaten in der Dose, Nüsse, Essig, Öl und Gewürze lässt sich monatelang lagern. Ein- bis zweimal pro Woche wird das gekauft, was leichter verdirbt – frisches Gemüse, Obst, Milchprodukte, Eier, Käse und Brot. Am besten zuerst die Gemüse- und Obstsorten verarbeiten, die schnell schlapp machen wie Blattspinat, Kopfsalat und Beeren. Gegen Ende der Woche ist dann Haltbares wie Möhren, Sellerie, Kohl oder Äpfel dran. Um frisches Gemüse zu lagern, sind die Gemüsefächer des Kühlschranks ideal. Auch Tiefkühlware ohne Zusatzstoffe wie Erbsen, Bohnen, Kräuter, unpanierter Fisch oder geschälte Garnelen sind eine arbeits- und zeitsparende Alternative für gesundheitsbewusste Singles. TK-Fisch oder -Fleisch am besten am Vorabend oder morgens aus dem Eisfach nehmen und im Kühlschrank langsam auftauen lassen.

AUF DIE PLÄTZE, FERTIG, KOCHEN!

Bevor Sie starten, stellen Sie alles griffbereit, was Sie zum Kochen brauchen: sämtliche Lebensmittel, Schüssel, Pfanne, Töpfe, großes Schneidbrett, Messer, Stabmixer. So müssen Sie bei der Zubereitung nicht erst lange suchen und herumhantieren. Im Handumdrehen sind z. B. Polenta, Bulgur oder Pasta gegart. Inzwischen wird das Gemüse geputzt, geschnippelt und in etwas Öl gedünstet und dann mit dem Getreide vermischt. Grundsätzlich gilt: Wenn es schnell gehen soll, Gemüse klein schneiden. Also Möhren oder Kohlrabi nicht in Scheiben, sondern mit dem Streifenhobel oder einer Haushaltsreibe in dünne Stifte schneiden oder raspeln. So gart es im Nu und mit dem kleinen Mehr an Arbeit gewinnt man wertvolle Zeit.

GESCHICKT VORARBEITEN

Wer regelmäßig für sich kocht, kann vorarbeiten: Heute die doppelte Menge an Nudeln oder Reis garen und am nächsten oder übernächsten Tag schnell in einem Salat, Gratin oder einer bunten Wokpfanne verwerten. Pellkartoffeln vom Vortag sind ein Klassiker für Bratkartoffeln oder Kartoffelsalat. Es lohnt sich auch, Hülsenfrüchte oder Getreide wie Dinkel und Weizen vorzukochen. Anschließend einfach portionsweise einfrieren und als Zutat für Blitz-Suppen und -Eintöpfe verwenden. Am Vortag gekochtes Gemüse ist eine wunderbare Grundlage für eine pürierte Suppe oder eine Tortilla. Auch eine Vinaigrette lässt sich prima auf Vorrat mixen und ist im Schraubglas im Kühlschrank bis zu zwei Wochen haltbar – ideales Dressing für einen Salat aus rohem Gemüse oder für grüne Blattsalate.

GRÜNE WELLE NUR FÜR SIE!

Mit Tiefkühl-Gemüse, Dosentomaten, Mini-Salaten und mehr können Sie in der Küche richtig durchstarten – und erreichen mit wenig Zeitaufwand ein Maximum an Genuss.

1 SINGLEFREUNDLICHE GEMÜSE

Damit sparen Sie Zeit und Arbeit: Mit Gemüse, das nicht aufwendig gewaschen und geputzt werden muss, wie Blattspinat, Frühlingszwiebeln, Spitzkohl, Champignons, Möhren, Zuckerschoten und Zucchini und Mini-Gemüse wie Kirschtomaten und Gurken. Klein geschnitten sind sie in Minuten gar.

2 PORTIONS-SALATE

Mini-Romanasalat, Eisbergsalat, Radicchio und Chicorée sind für Singles besonders günstig, da sie sich im Gemüsefach des Kühlschranks relativ lange halten und gut portionierbar sind. Kopfsalat und andere zartblättrige Sorten putzen, klein zupfen und in einem Folienbeutel gekühlt aufbewahren. So halten sie sich 3 – 4 Tage frisch.

3 TIEFKÜHL-GEMÜSE

Statt aufwendiger Vorarbeiten: gefrorene Möhren, Erbsen oder Bohnen aus der Packung in Topf oder Pfanne schütten. Sie lassen sich für Suppen, Gemüse und Wokpfannen einfach weiterverarbeiten. Dank schonender Verarbeitung ist erntefrisches, schockgefrostetes Gemüse oft vitaminreicher als Frischgemüse aus dem Kühlschrank. Single-Tipp: leicht portionierbares Gemüse ohne Zusatzstoffe bevorzugen, z. B. kleine TK-Blattspinat-Würfel.

4 TIEFKÜHL-KRÄUTER

Im Gegensatz zu frischen Kräutern sind Basilikum, Dill, Petersilie oder Mischungen schon gewaschen, gezupft oder gehackt. Praktisch: TK-Kräuter kann man aus dem Päckchen direkt ins Essen streuen.

5 VORGEGARTES GEMÜSE

In der Gemüseabteilung im Supermarkt findet man einige Sorten wie Rote Bete, Maiskolben und Maronen bereits gegart, geschält und luftdicht verpackt. Sie sind fix und fertig und einsatzbereit. Im Kühlschrank halten sie sich ungeöffnet bis zu 14 Tage.

6 TOMATEN AUS DER DOSE ODER PACKUNG

Ihre Pluspunkte: Sie sind bereits geschält, vorgegart und wahlweise als ganze Frucht, in Stücke geschnitten oder püriert erhältlich und können daher sofort weiterverarbeitet werden – in Saucen, Suppen, als Pizzabelag und im Gratin.

7 MINUTEN-HÜLSENFRÜCHTE

Dose oder Glas auf, Hülsenfrüchte abbrausen, abtropfen und zu Salaten, Suppen, Eintöpfen oder Currys geben: So leicht kann Kochen sein! Im Geschmack stehen konservierte weiße und rote Bohnen, Linsen oder Kichererbsen frisch gekochten kaum nach. Auch rote Linsen sind wahre Fast-Food-Renner mit nur 5 – 7 Minuten Garzeit.

8 PAPRIKA UND TOMATEN AUS DEM GLAS

Absolute Vorrats-Helden: Paprika aus dem Glas sind bereits gehäutet, Tomaten getrocknet und in Öl eingelegt. Ideal als Quickie-Zutat für Salate, Gemüse-, Nudelgerichte oder als Sandwichbelag.

1
2
3
4
5
6
7
8
Petersilie

SALATE & SNACKS

Raffinierte Kleinigkeiten à la minute, die Ihren Gaumen erfreuen: Zarte Schinkenwürfel, Eier, ein Gläschen Tomaten in Öl oder Parmesan wie beim Italiener – mit knackig-frischem Gemüse, Blattsalaten, Croûtons, Kernen & Co. kombiniert und im Handumdrehen appetitlich serviert.

WÜRZIGER KICHERERBSENSALAT

Eine runde Sache und absolut sommerhitverdächtig: Der knackfrische Salat mit Tomaten, Gurken und Petersilie sättigt auf leichte Art, ist super kombinierbar und im Nu gemacht.

2 EL Zitronensaft
Salz
¼ TL gemahlener Kreuzkümmel
¼–½ TL Pul biber (türkische Paprikamischung; ersatzweise Chiliflocken)
2 ½ EL Olivenöl
120 g Kichererbsen (aus der Dose)
2–3 kleine Strauchtomaten (ca. 80 g)
1 Minigurke
1 kleine rote Zwiebel
3 Stiele Petersilie
3 gebratene Chicken Wings (Hähnchenflügel; ca. 150 g vom Imbissstand oder von der Fleischtheke)

Türkisch inspiriert

Für 1 Person | 15 Min. Zubereitung
Pro Portion ca. 620 kcal, 31 g EW, 45 g F, 21 g KH

1 Für das Dressing in einer Schüssel den Zitronensaft, 1 EL Wasser, Salz, Kreuzkümmel und Pul biber verrühren. Das Olivenöl mit dem Schneebesen gründlich unterschlagen.

2 Die Kichererbsen in einem Sieb abbrausen und abtropfen lassen. Die Tomaten waschen, putzen und sechsteln. Die Minigurke waschen, abtrocknen, putzen, längs halbieren und in ca. ½ cm dicke Stücke schneiden. Die Zwiebel schälen und in dünne Spalten schneiden.

3 Kichererbsen, Tomaten, Gurken und Zwiebeln mit dem Dressing mischen. Die Petersilie abbrausen, trocken schütteln, die Blätter abzupfen, grob hacken und unterheben. Mit Salz und Pul biber abschmecken. Den Salat mit den Chicken Wings anrichten. Dazu schmeckt Vollkorn-Baguette oder Sesam-Fladenbrot.

TIPP

Egal, welche der folgenden Verbindungen Sie wählen, der Salat eignet sich prima zum Mitnehmen – für die Mittagspause oder zum Picknick. Er ist ein Genuss zu gebratenem und gegrilltem Fleisch, schmeckt aber auch super mit geräuchertem Makrelenfilet. Wer es lieber vegetarisch mag, bestreut die bunte Mischung mit 50 g grob zerkrümeltem Schafskäse oder setzt einen Klecks Sahnejoghurt obendrauf. Veganer kombinieren mit Räucher- oder Tomatentofu statt mit Fleisch, Fisch oder Käse.

SPINAT-APRIKOSEN-SALAT

70 g Baby-Spinat | 3 kleine Aprikosen (ersatzweise getrocknete Soft-Aprikosen) | 1 ½ EL Olivenöl | 4 Baconstreifen (Kühlregal) | 1 kleine Schalotte | 1 kleine Knoblauchzehe | 2 EL weißer Aceto balsamico | Salz | Pfeffer | 2 TL Pinienkerne

Fruchtig und würzig

Für 1 Person | 15 Min. Zubereitung
Pro Portion ca. 365 kcal, 8 g EW, 28 g F, 17 g KH

1 Den Spinat waschen, verlesen und gut abtropfen lassen. Aprikosen waschen, halbieren, den Stein herauslösen und die Hälften in feine Spalten schneiden. Den Spinat auf einem Teller anrichten, die Aprikosen darauf verteilen.

2 In einer kleinen Pfanne ½ EL Olivenöl erhitzen, die Baconstreifen in breite Stücke schneiden und im heißen Öl bei mittlerer Hitze von beiden Seiten in 2 – 3 Min. goldbraun braten. Inzwischen Schalotte und Knoblauchzehe schälen und fein würfeln. Speck aus der Pfanne nehmen, Schalotte und Knoblauch im Speckfett 1 – 2 Min. braten.

3 Die Pfanne vom Herd nehmen und die Schalottenmischung mit dem Essig ablöschen. Das übrige Öl unterrühren. Das Dressing mit Salz und Pfeffer abschmecken und über den Spinatsalat träufeln. Mit Pinienkernen und Baconstücken bestreuen.

TIPP

Die Blätter von jungem frischem Spinat (Baby-Spinat) sind sehr empfindlich. Daher nicht in der Salatschleuder trocken schleudern, sondern nur auf einem Sieb gut abtropfen lassen.

RÖMER-CAESAR-SALAT MIT LACHS

1 Mini-Romanasalat | 75 g Räucherlachs (in Scheiben) | 1 Scheibe Toastbrot | 2 TL Öl | Salz | Pfeffer | 1 ½ EL Salatmayonnaise | 1 EL Naturjoghurt | ½ EL Zitronensaft | 1 TL geriebener Meerrettich (Glas) | 1 EL frisch geriebener Parmesan | 15 g Parmesan am Stück

Klassiker auf neue Art

Für 1 Person | 15 Min. Zubereitung
Pro Portion ca. 590 kcal, 32 g EW, 46 g F, 12 g KH

1 Den Romanasalat waschen, längs vierteln oder achteln, den Strunk etwas abschneiden, aber nicht ganz entfernen, sodass die Achtel noch zusammenhängen. Räucherlachs nach Belieben in ca. 2 cm breite Streifen schneiden.

2 Das Toastbrot in ca. 2 cm große Würfel schneiden. Das Öl in einer kleinen Pfanne erhitzen, Brot darin bei mittlerer Hitze 3 – 4 Min. goldbraun braten. Mit Salz und Pfeffer würzen, beiseitestellen.

3 Für das Dressing die Mayonnaise mit dem Joghurt, 1 – 2 EL Wasser, Zitronensaft, Meerrettich und geriebenem Parmesan verrühren, mit Salz und Pfeffer abschmecken.

4 Römersalat und Lachs auf einem Teller anrichten, Sauce und Brotwürfel darüber verteilen. Den Parmesan mit dem Sparschäler in Streifen hobeln und auf den Salat streuen.

TIPP

Mögen Sie den Salatklassiker aus der italo-amerikanischen Küche lieber mit Geflügel? Dann nehmen Sie statt Räucherlachs gebratenes Hähnchenfilet: in Streifen schneiden und wie beschrieben mit den Zutaten anrichten.

GEMÜSE MIT THUNFISCHSAUCE

Salz | 100 g Bundmöhren | 50 g Zuckerschoten | 2 Frühlingszwiebeln | 2 Artischockenherzen (aus der Dose) | 1 kleine Dose Thunfisch (im eigenen Saft; 60 g Abtropfgewicht) | 2 EL Naturjoghurt | 1 EL Mayonnaise | 2 TL Zitronensaft | Salz | Pfeffer | 2 TL kleine Kapern (aus dem Glas)

Gelingt ganz leicht

Für 1 Person | 15 Min. Zubereitung
Pro Portion ca. 255 kcal, 19 g EW, 13 g F, 13 g KH

1 Im Wasserkocher ¾ l Wasser zum Kochen bringen. In einen Topf gießen, auf dem Herd erneut aufkochen, salzen. Inzwischen die Möhren putzen und dünn schälen, dickere Möhren längs halbieren. Zuckerschoten putzen. Frühlingszwiebeln putzen, waschen, das Weiße und Hellgrüne quer halbieren. Artischockenherzen abtropfen lassen, zerteilen.

2 Die Möhren im kochenden Salzwasser ca. 5 Min. garen, dann Zuckerschoten und Frühlingszwiebeln dazugeben und ca. 1 Min. mitkochen.

3 Inzwischen für die Sauce den Thunfisch abtropfen lassen und zerpflücken. Mit Joghurt, Mayonnaise und Zitronensaft in eine hohe Rührschüssel geben und alles mit dem Stabmixer fein pürieren. Mit Salz und Pfeffer kräftig würzen. Die Kapern abtropfen lassen und untermischen.

4 Das Gemüse abgießen, abtropfen lassen und mit den Artischocken auf einem Teller anrichten. Salzen und pfeffern, mit der Thunfischsauce überziehen und servieren. Dazu passen ein hart gekochtes Ei und Baguette.

GEGRILLTE PIMIENTOS MIT HALLOUMI

2 EL Olivenöl | 100 g Pimientos de Padrón (Bratpaprika) | 125 g Halloumi-Käse (Brat- und Grillkäse aus Zypern) | ½ Bio-Zitrone | 2 Stiele Oregano (ersatzweise ½ TL getrockneter Oregano)

Wie im Süden snacken

Für 1 Person | 15 Min. Zubereitung
Pro Portion ca. 610 kcal, 29 g EW, 53 g F, 6 g KH

1 In einer Grillpfanne 1 EL Olivenöl erhitzen. Pimientos waschen und trocken reiben, Stiele nicht entfernen. Halloumi trocken tupfen und in ca. 1 cm dicke Scheiben schneiden. Beides im heißen Öl bei mittlerer bis starker Hitze ca. 5 Min. unter Wenden braten, bis die Haut der Pimientos Blasen wirft und der Halloumi goldbraun ist.

2 Inzwischen die Zitrone heiß waschen und abtrocknen, ½ TL Schale fein abreiben und 2 EL Zitronensaft auspressen. Oregano abbrausen, trocken schütteln, die Blätter abzupfen und hacken. Zitronensaft und -schale mit Oregano und dem übrigem Öl verrühren.

3 Pimientos und Halloumi auf einem Teller anrichten, Vinaigrette darüberträufeln und sofort servieren. Dazu schmeckt Fladenbrot oder Ciabatta.

TIPP

Pimientos de Padrón sind echte Tapas-Klassiker. Mittlerweile gibt es die grünen Mini-Paprika, die ursprünglich aus der Nähe von Padrón in Galicien stammen, auch bei uns als Bratpaprika in Supermärkten zu kaufen. Sie erinnern im Aussehen an Chilischoten. Aber sie sind nicht scharf, sondern schmecken eher süßlich-nussig und können mit Kernen gegessen werden – nur den Stiel sollte man entfernen.

SPARGEL-SCHINKEN-OMELETT

Neues von der Stange: Fein geschnitten gart der grüne Spargel in Minutenschnelle und avanciert mit Zwiebeln und Schinken in Eiersahne zum Star der Single-Blitzpfannen.

150 g grüner Spargel
1 kleine rote Zwiebel
1 EL Olivenöl
40 g rohe Schinkenwürfel (aus dem Kühlregal)
Salz | Pfeffer
2 Eier (L)
3 EL Sahne
1 EL geriebener italienischer Hartkäse (z. B. Pecorino oder Parmesan)
2 getrocknete Tomaten (in Öl; aus dem Glas)
1 Stiel Basilikum

Saftig und würzig

Für 1 Person |
15 Min. Zubereitung
Pro Portion ca. 585 kcal,
31 g EW, 48 g F, 7 g KH

1 Den Spargel waschen, im unteren Drittel schälen und die Enden abschneiden. Die Stangen schräg in ca. ½ cm dünne Scheiben schneiden. Die Zwiebel schälen, halbieren und in feine Spalten schneiden.

2 Das Öl in einer beschichteten Pfanne (16 cm ∅) erhitzen. Spargel und Zwiebeln darin bei mittlerer bis starker Hitze unter Wenden ca. 3 Min. anbraten. Die Schinkenwürfel dazugeben und kurz mitbraten. Mit Salz und Pfeffer würzen.

3 Inzwischen die Eier mit der Sahne und dem Käse verquirlen, über dem Spargel verteilen und zugedeckt bei schwacher Hitze in ca. 8 Min. stocken lassen.

4 Getrocknete Tomaten abtropfen lassen und in feine Streifen schneiden. Basilikum abbrausen, trocken schütteln und die Blätter abzupfen. Das Omelett auf einem Teller anrichten, mit Tomaten und Basilikum bestreuen und sofort servieren. Dazu schmeckt ein Tomaten-Rucola-Salat.

TIPP **Außerhalb der Spargelsaison bereite ich das Omelett mit Champignons oder Zucchini zu und würze die Eiersahne zusätzlich mit ½ TL getrocknetem Thymian. Wenn wir zu zweit essen, verdopple ich einfach die Mengen und backe das Omelett in einer größeren beschichteten Pfanne (26 cm ∅).**

MEDITERRANER WRAP MIT FETA

1 Weizen-Soft-Tortilla (Fertigprodukt; 25 cm ∅) | 100 g Krautsalat (aus dem Kühlregal) | 1 Blatt Eisbergsalat | 50 g Kirschtomaten | 3 grüne Oliven (ohne Stein) | 50 g Feta-Snackwürfel (z. B. mit Paprika; Kühlregal) | ½ TL getrockneter Oregano | Salz | Pfeffer

Auch zum Mitnehmen

Für 1 Person | 15 Min. Zubereitung
Pro Portion ca. 350 kcal, 14 g EW, 16 g F, 36 g KH

1 Den Tortillafladen im Ofen bei 80° oder in einer Pfanne ohne Fett nach Packungsanweisung erwärmen, damit er sich besser rollen lässt.

2 Den Krautsalat in einem Sieb abtropfen lassen, leicht ausdrücken. Das Salatblatt waschen, trocken schütteln und grob zerteilen. Tomaten waschen, halbieren, Oliven in Scheiben schneiden.

3 Die Tortilla mit dem Salat belegen, dabei am Rand ca. 2 cm freilassen. Krautsalat darauf verteilen. Mit Tomaten, Oliven und Fetawürfeln belegen. Mit Oregano bestreuen, mit Salz und Pfeffer würzen. Den Wrap von der Seite fest zusammenrollen. Vor dem Essen quer halbieren.

TIPP

Feta-Würfel gibt es im Supermarkt zu kaufen, z. B. mit Kräutern, Paprika oder mit Tomaten und Basilikum. Wenn ich Zeit habe, mariniere ich sie selbst: 200 g Feta in ca. 1 cm große Würfel schneiden. ½ Bund Petersilie fein hacken, mit ½–1 TL Pul biber (scharfe Paprikaflocken) und 5 EL Olivenöl verrühren. Schafskäse darin wenden, in einem Schraubglas im Kühlschrank aufbewahren. Sie halten sich etwa eine Woche.

BRESAOLA-TRAMEZZINI

1 orangefarbene Snack-Paprika | 1 kleine Handvoll Rucola (ca. 10 g) | 30 g cremiger Gorgonzola | 1 EL Ricotta | Pfeffer | 2 Scheiben Vollkorn-Sandwichtoast | Salz | 30 g Bresaola-Aufschnitt (siehe Tipp)

Italo-Snack

Für 1 Person | 10 Min. Zubereitung
Pro Portion ca. 285 kcal, 20 g EW, 13 g F, 21 g KH

1 Die Snack-Paprika putzen, waschen und quer in dünne Ringe schneiden. Rucola waschen, gut trocken schütteln und verlesen. Gorgonzola und Ricotta cremig rühren und mit Pfeffer würzen.

2 Die Toastscheiben gleichmäßig mit der Gorgonzolacreme bestreichen. Eine Brotscheibe mit dem Rucola und den Paprikaringen belegen, mit wenig Salz und Pfeffer würzen. Den Bresaola darauf verteilen. Mit der zweiten Brotscheibe bedecken und diese leicht andrücken. Das Brot diagonal halbieren, sodass zwei Dreiecke entstehen. Zum Mitnehmen ins Büro die Sandwiches fest in Frischhaltefolie wickeln und in einer Brotzeitdose verpacken.

TIPP

Bresaola ist ein dünn aufgeschnittener luftgetrockneter Rinderschinken, der im Kühlregal im Supermarkt oder an der gut sortierten Wursttheke erhältlich ist. Ersatzweise können Sie Parmaschinken oder Coppa (Spezialität aus Schweinenacken und -filet) nehmen.

SUPPEN & EINTÖPFE

Presto, presto! Hier können Solisten beschwingt zum Löffel greifen und acht Variationen von gesunder Frische genießen. Richtig ausgewählte Zutaten, in Minuten komponiert, überraschen auf dem Suppenteller – heiß, kalt, kräuterwürzig, scharf oder mit exotischer Note.

SOMMERLICHE MINESTRONE MIT TORTELLONI

Jetzt gibt's schnell was auf die Löffel: Tiefgekühltes Pfannengemüse, Kirschtomaten und Spinat-Tortelloni machen den abgewandelten Klassiker aus der Italo-Küche zum Renner.

1 EL Olivenöl
1 kleine Zwiebel
150 g italienisches TK-Pfannengemüse (z. B. Möhren, grüne Bohnen, Zucchini, Brokkoli, Paprika)
1 TL Tomatenmark
½ TL getrockneter Oregano
300 ml Gemüsebrühe
6 Kirschtomaten
1 Stiel Basilikum
20 g italienischer Hartkäse (z. B. Grana padano)
125 g Tortelloni mit Spinat und Ricotta (aus dem Kühlregal)
Salz | Pfeffer

Für Veggies

Für 1 Person | 15 Min. Zubereitung
Pro Portion ca. 575 kcal, 23 g EW, 26 g F, 56 g KH

1 Das Öl in einem Topf erhitzen. Die Zwiebel schälen, klein würfeln und im heißen Öl glasig dünsten. Das Tiefkühl-Gemüse in den Topf geben, Tomatenmark und Oregano unterrühren, kurz anbraten. Die Brühe dazugießen, aufkochen und zugedeckt bei mittlerer Hitze 5–7 Min. garen.

2 Inzwischen die Kirschtomaten waschen und halbieren. Das Basilikum abbrausen, trocken schütteln, die Blätter abzupfen und fein schneiden. Den Käse raspeln.

3 Tortelloni und Tomaten in die heiße Suppe geben, leicht aufkochen und alles in 2–3 Min. bei mittlerer Hitze fertig garen. Die Suppe mit Salz und Pfeffer würzen. Auf einem tiefen Teller anrichten und mit Basilikum und Käse bestreut servieren. Dazu passt Weißbrot oder Roggenvollkornbrot.

TIPP

Mit vorgegarten Hülsenfrüchten aus der Dose oder dem Glas (250–265 g Abtropfgewicht) wird aus der Minestrone ein gehaltvoller Eintopf für den großen Hunger. Nicht nur weiße und dicke grüne Bohnen passen in die Blitzsuppe, sondern auch Linsen oder Kichererbsen. Die Hülsenfrüchte abgießen, in einem Sieb kalt abbrausen, gut abtropfen lassen und mit den Tortelloni in den Topf geben. Bis zum Schluss mitgaren. Bei Bedarf noch etwas Brühe nachgießen.

KALTE AVOCADO-GURKEN-SUPPE

1 Schalotte | 100 g Salatgurke | ½ reife Avocado | 1 EL Limettensaft | 250 ml Gemüsefond (aus dem Glas) oder Gemüsebrühe | Salz | Chiliflocken | 4 Kirschtomaten | 2 TL Basilikumpesto (aus dem Glas) | 2 Basilikumblätter zum Garnieren

Cool für heiße Tage

Für 1 Person | 10 Min. Zubereitung
Pro Portion ca. 330 kcal, 5 g EW, 30 g F, 7 g KH

1 Die Schalotte schälen und fein würfeln. Die Gurke schälen und klein würfeln. Von der Avocado den Kern entfernen, das Fruchtfleisch mit einem Löffel auslösen und in eine hohe Rührschüssel geben. Mit dem Limettensaft beträufeln, Schalotte und Gurke dazugeben, Gemüsefond oder -brühe angießen und alles mit dem Stabmixer fein pürieren. Mit Salz und Chiliflocken kräftig abschmecken.

2 Die Kirschtomaten waschen und in Scheiben schneiden. Die Suppe in einem tiefen Teller oder in einer Schale anrichten, die Tomaten daraufgeben. Mit dem Basilikumpesto beträufeln und mit den Basilikumblättern garnieren. Dazu schmeckt Ciabatta oder Fladenbrot.

TIPP

Mögen Sie es gerne crunchy? Dann streuen Sie vor dem Servieren noch zwei grob zerbröckelte Brot-Chips auf die Avocado-Kaltschale. Die runden Brotscheiben gibt es mit Meersalz, Knoblauch oder Sesam gewürzt zu kaufen.

BUTTERMILCH-RADIESCHEN-KALTSCHALE

1 Ei | 250 g Buttermilch | 2 EL Ziegenfrischkäse | 100 ml Milch | 1 EL Olivenöl | Salz | Pfeffer | 1 EL Zitronensaft | ¼ Bund Schnittlauch | 4 Radieschen | 1 Handvoll Radieschensprossen (Kühlregal) | 2 TL gemischte Kerne (z. B. Sonnenblumen-, Pinien-, Kürbiskerne)

Pusht mit Vitalstoffen

Für 1 Person | 15 Min. Zubereitung
Pro Portion ca. 450 kcal, 25 g EW, 30 g F, 18 g KH

1 Das Ei in 6–7 Min. fast hart kochen. Inzwischen Buttermilch, Ziegenkäse, Milch und Olivenöl in eine hohe Rührschüssel geben und mit dem Stabmixer fein pürieren. Mit Salz, Pfeffer und Zitronensaft würzen. Schnittlauch waschen, trocken schütteln und in feine Röllchen schneiden, ⅔ davon unter die Buttermilchsuppe rühren.

2 Die Radieschen putzen, waschen und in dünne Scheiben schneiden. Sprossen abbrausen und abtropfen lassen. Das Ei abschrecken, pellen und halbieren.

3 Die Suppe in einem tiefen Teller anrichten, Radieschen und Eihälften dazugeben. Mit Sprossen, Kernen und übrigem Schnittlauch bestreuen. Sofort servieren. Als Beilage passt kräftiges Bauernbrot oder Pumpernickel dazu.

TIPP

Für eine griechisch inspirierte Kaltschale die Buttermilch durch Sahnejoghurt und den Ziegenfrischkäse durch 60 g Feta ersetzen. Wie beschrieben alles fein pürieren und mit ½ fein gewürfelten Mini-Gurke statt der Radieschenscheiben bestreuen.

MARONENSUPPE MIT THYMIAN-CROÛTONS

2 TL Butter | 1 Schalotte | 100 g gegarte Maronen (vakuumiert; Gemüseabteilung) | 200 ml Gemüsefond (aus dem Glas) | 50 ml Milch | 1 Scheibe Vollkorn-Toastbrot | 3 Zweige Thymian | 1 TL Olivenöl | 4 EL Sahne | Salz | Pfeffer | Piment d'Espelette (siehe Tipp)

Samtig-feiner Genuss

Für 1 Person | 15 Min. Zubereitung
Pro Portion ca. 580 kcal, 10 g EW, 36 g F, 51 g KH

1 Die Butter in einem Topf erhitzen. Schalotte schälen, fein würfeln, in ca. 2 Min. glasig dünsten. Maronen hacken und bis auf 1 EL dazugeben. Fond und Milch hinzufügen, unter Rühren aufkochen. Zugedeckt bei schwacher Hitze ca. 5 Min. garen.

2 Inzwischen das Toastbrot entrinden und in kleine Würfel schneiden. Thymian abbrausen und trocken schütteln, die Blättchen abstreifen und hacken. Olivenöl in einer kleinen Pfanne erhitzen, die Toastwürfel darin mit dem Thymian bei mittlerer Hitze unter Wenden in 2 – 3 Min. goldbraun braten. Vom Herd nehmen.

3 Die Sahne in die Suppe rühren, alles mit dem Stabmixer fein pürieren. Mit Salz, Pfeffer und Piment d'Espelette würzen. Suppe in einem tiefen Teller anrichten. Übrige gehackte Maronen und Croûtons daraufstreuen und nach Belieben mit Thymianblättchen garnieren.

TIPP

Piment d'Espelette, eine Chilisorte aus Frankreich, ist milder als Cayennepfeffer, aber aromatischer und hat eine leichte Rauchnote. Wer im gut sortierten Supermarkt nicht fündig wird, nimmt ersatzweise Cayennepfeffer.

TOMATEN-PAPAYA-SUPPE MIT GARNELEN

1 EL Olivenöl | 1 kleine Zwiebel | 1 Stück reife Papaya (ca. 100 g) | 200 g stückige Tomaten (aus der Dose) | 125 ml Gemüsebrühe | 50 g geschälte, gegarte Garnelen (aus dem Kühlregal) | 2 Stiele Koriandergrün | ½ TL abgeriebene Schale von 1 Bio-Limette | 1 EL Kokos-Chips | 2 TL Crème fraîche | Salz | Cayennepfeffer

Kreolisch inspiriert

Für 1 Person | 15 Min. Zubereitung
Pro Portion ca. 300 kcal, 10 g EW, 21 g F, 10 g KH

1 In einem Topf ½ EL Olivenöl erhitzen. Zwiebel schälen, fein hacken und im heißen Öl bei mittlerer Hitze glasig dünsten. Die Papaya schälen, entkernen und würfeln. Papaya, Tomaten und Brühe in den Topf geben, alles aufkochen und bei schwacher Hitze zugedeckt ca. 7 Min. köcheln lassen.

2 Inzwischen die Garnelen waschen und trocken tupfen. Koriandergrün kurz abbrausen, Blätter abzupfen und grob hacken. Garnelen und Koriander mit Limettenschale, Kokos-Chips und übrigem Olivenöl vermischen.

3 Die Crème fraîche in die Suppe rühren, das Ganze mit dem Stabmixer fein pürieren und mit Salz und Cayennepfeffer abschmecken. Die Suppe in einem tiefen Teller oder einer Schale anrichten, mit dem Garnelen-Mix garnieren. Dazu schmecken knusprige Mais-Tortilla-Chips.

KOKOS-CURRY-SUPPE MIT HÄHNCHEN

Speed-Suppe, die Fernweh weckt und glücklich macht: schön scharf, lecker würzig und echt thailändisch! Mit Shiitake und Erbsen in Kokosmilch – der Aromaknüller zum Feierabend!

250 ml Hühnerbrühe
100 ml ungesüßte Kokosmilch (aus der Dose)
1 TL rote Thai-Currypaste
1 Stängel Zitronengras
1 Stück Ingwer (ca. 1,5 cm)
½ rote Chilischote
100 g Hähnchenbrustfilet
75 g TK-Erbsen
75 g Shiitakepilze (ersatzweise braune Champignons)
3 Stiele Koriandergrün
1–2 EL Fischsauce
Salz (nach Belieben)

Mit Schärfe-Kick

Für 1 Person | 15 Min. Zubereitung
Pro Portion ca. 435 kcal, 36 g EW, 20 g F, 28 g KH

1 In einem Topf die Brühe mit Kokosmilch und Currypaste unter gelegentlichem Rühren zum Kochen bringen.

2 Inzwischen das Zitronengras putzen, nur die unteren 10 cm verwenden, die äußeren Hüllblätter entfernen und das Innere mit einem Brett oder Plattierer flach drücken. Ingwer schälen und in dünne Scheiben schneiden. Chilischote waschen. Zitronengras, Ingwer und Chili in die Suppe geben und bei schwacher Hitze ca. 3 Min. mitkochen lassen.

3 Inzwischen das Hähnchenbrustfilet waschen, trocken tupfen und in feine Streifen schneiden. Die Erbsen antauen lassen. Von den Shiitakepilzen die Stiele entfernen, die Pilzkappen trocken abreiben und je nach Größe halbieren oder vierteln. Hähnchen, Pilze und Erbsen in die Suppe geben und ca. 5 Min. bei mittlerer Hitze mitkochen lassen.

4 Das Koriandergrün waschen, trocken schütteln, die Blätter abzupfen. Die Suppe mit Fischsauce würzen und nach Belieben salzen. In einem tiefen Teller oder einer Suppenschale anrichten und mit dem Koriandergrün bestreut servieren. Dazu schmeckt Stangenweißbrot.

TIPP **Suppeneinlagen sind Geschmackssache! Sie können das Hähnchenfilet auch durch rohe, geschälte Garnelen (küchenfertig) oder gewürfelten Tofu, z. B. natur oder Curry-Mango, ersetzen.**

ROASTBEEF-GEMÜSE-BOUILLON

1 EL Öl | 1 kleine Zwiebel | 175 g TK-Suppengemüse (z. B. Möhren, Lauch, Sellerie, Blumenkohl) | 350 ml Rinderfond (aus dem Glas) oder Fleischbrühe | 70 g Roastbeef-Aufschnitt | Salz | Pfeffer | ¼ Bund Schnittlauch | 1 EL Röstzwiebeln (Fertigprodukt)

Fein für abends

Für 1 Person | 15 Min. Zubereitung
Pro Portion ca. 340 kcal, 26 g EW, 19 g F, 14 g KH

1 Das Öl in einem Topf erhitzen. Zwiebel schälen, klein würfeln und im heißen Öl glasig dünsten. Suppengemüse dazugeben, mit Fond oder Brühe aufgießen und aufkochen lassen. Zugedeckt bei mittlerer Hitze ca. 5 Min. garen.

2 Inzwischen das Roastbeef in ca. 1 cm breite Streifen schneiden. In die heiße Suppe geben und alles ohne weitere Hitzezufuhr ca. 2 Min. ziehen lassen. Mit Salz und Pfeffer abschmecken.

3 Den Schnittlauch waschen, trocken schütteln und in feine Röllchen schneiden. Die Suppe in einem tiefen Teller anrichten, mit Schnittlauch und Röstzwiebeln bestreuen. Dazu schmeckt Brot.

TIPP

Haben Sie was vom Sonntagsbraten übrig? Dann nehmen Sie das Fleisch für die Suppe! In feine Streifen oder Würfel schneiden und statt des Roastbeef-Aufschnitts hinzufügen.

LINSENTOPF MIT KASSELER

1 EL Öl | 1 Zwiebel | 1 Pck. TK-Suppengrün (70 g) | 100 g Kasseler (ohne Knochen) | 300 ml Hühnerbrühe | Salz | Pfeffer | ½ TL getrockneter Thymian | 100 g Linsen (aus der Dose) | ½ kleiner Apfel | 1 ½ EL Instant-Kartoffelpüreepulver | 1 EL TK-Petersilie

Seelenwärmer für kalte Tage

Für 1 Person | 15 Min. Zubereitung
Pro Portion ca. 330 kcal, 15 g EW, 14 g F, 37 g KH

1 Das Öl in einem Topf erhitzen. Die Zwiebel schälen, in kleine Würfel schneiden und mit dem Suppengrün im heißen Öl ca. 2 Min. andünsten. Inzwischen das Kasseler in 1 cm kleine Würfel schneiden und dazugeben. Mit der Brühe aufgießen und aufkochen lassen. Mit Salz, Pfeffer und Thymian würzen und alles zugedeckt bei mittlerer Hitze ca. 5 Min. garen.

2 Inzwischen die Linsen abgießen, abbrausen und abtropfen lassen. Apfel entkernen, schälen und in kleine Würfel schneiden. Linsen und Apfel in den Topf geben, Kartoffelpüreepulver einrühren, erneut aufkochen und alles noch 2–3 Min. bei schwacher Hitze köcheln lassen, bis die Suppe leicht gebunden ist.

3 Den Eintopf mit Salz und Pfeffer abschmecken und die Petersilie unterrühren. In einem tiefen Teller anrichten. Dazu schmeckt Bauernbrot.

TIPP

Für einen Schärfe-Kick zum Schluss noch 1 TL scharfen Senf in den Eintopf rühren, aber nicht mehr mitkochen lassen, sonst verfliegt das Aroma.

VEGGIE-GERICHTE

Grünes Licht für die vegetarische Blitzküche! Mit unseren köstlichen Kreationen aus Reis, Nudeln, Getreide und viel Gemüse können sich Singles in einem Viertelstündchen verwöhnen. Und zum Genießen haben sie alle Zeit der Welt, statt stundenlang am Herd zu stehen.

BRATREIS MIT GEMÜSE UND WASABINÜSSEN

In der Kürze mit viel Würze: Paprika und Zuckerschoten braten mit Express-Reis im Handumdrehen knackig. Durch das Ei wird der Reis saftig, mit Wasabi-Erdnüssen scharf und crunchy.

1 Stück Ingwer (ca. 1 cm)
1 rote Paprikaschote
75 g Zuckerschoten
125 g Tofu natur (aus dem Reformhaus, Bio-Laden)
1 EL Öl
125 g Express-Langkornreis
1 Ei
1 EL Sojasauce
2–3 TL Limettensaft
Salz | Pfeffer
1 EL Wasabi-Erdnüsse

Knackfrisch und bunt

Für 1 Person | 15 Min. Zubereitung
Pro Portion ca. 630 kcal, 30 g EW, 29 g F, 60 g KH

1 Den Ingwer schälen und fein würfeln. Paprikaschote vierteln, entkernen, waschen und in feine Streifen schneiden. Zuckerschoten waschen und diagonal halbieren. Den Tofu in ca. 1 cm große Würfel schneiden.

2 Im Wok oder in einer mittelgroßen beschichteten Pfanne das Öl erhitzen. Ingwer, Paprika, Zuckerschoten und Tofu darin bei starker Hitze unter Wenden 3–4 Min. braten. Den Express-Reis dazugeben und ca. 5 Min. unter Rühren mitbraten.

3 Inzwischen das Ei mit ½ EL Sojasauce verrühren. Die Reismischung an den Pfannenrand schieben. Das Soja-Ei in die Pfannenmitte gießen, kurz stocken lassen, dann mit dem Reis mischen. Mit übriger Sojasauce, Limettensaft, wenig Salz und Pfeffer abschmecken.

4 Die Wasabi-Nüsse hacken. Den Bratreis auf einem Teller anrichten und mit den Wasabi-Nüssen bestreuen.

TIPP Kurz, aber intensiv ist das Schärfegefühl, wenn man auf grüne Wasabi-Nüsse beißt. Wer dabei mit den Tränen kämpft, kann alternativ auch geröstete, gesalzene Erdnusskerne oder Cashewkerne auf den Reis streuen. Den Bratreis nach Belieben noch mit 1 EL Korianderblättern toppen und 1 Bio-Limettenspalte zum Beträufeln dazu reichen.

AVOCADO-TOMATEN-MAKKARONI

Salz | 100 g kurze Makkaroni | 1 EL Olivenöl | 1 Knoblauchzehe | 1 Frühlingszwiebel | 200 g stückige Tomaten (aus der Dose) | Pfeffer | ¼ TL getrockneter Oregano | ½ TL Chiliflocken | ½ reife Avocado | ½ EL Zitronensaft | 100 g Mozzarellakugeln | 5 Basilikumblätter

Scharf mit Chili

Für 1 Person | 15 Min. Zubereitung
Pro Portion ca. 960 kcal, 34 g EW, 56 g F, 78 g KH

1 In einem Topf 1 l heißes Wasser – am besten aus dem Wasserkocher – zum Kochen bringen. Dann salzen und die Nudeln darin nach Packungsanweisung bissfest garen.

2 In einer Pfanne ½ EL Öl erhitzen. Knoblauchzehe schälen und fein würfeln. Frühlingszwiebel waschen, putzen und in feine Ringe schneiden. Knoblauch und Frühlingszwiebel im heißen Öl kurz andünsten. Die Tomaten dazugeben und alles 2–3 Min. bei mittlerer Hitze kochen lassen. Ab und zu umrühren. Die Sauce mit Salz, Pfeffer, Oregano und Chiliflocken würzen.

3 Von der Avocado den Kern entfernen, das Fruchtfleisch mit einem Löffel aus der Schale heben und würfeln, sofort mit dem Zitronensaft beträufeln. Mozzarellakugeln abtropfen lassen und halbieren. Basilikumblätter abbrausen, trocken schütteln und in grobe Stücke zupfen.

4 Die Nudeln abgießen, abtropfen lassen, dabei 3–4 EL Kochwasser auffangen. Nudeln und Kochwasser in die Pfanne geben, mit dem Tomatensugo gut vermischen. Mozzarella und Avocado darauf verteilen. Mit dem Basilikum bestreuen und mit übrigem Öl beträufeln.

PAPRIKA-VITALKERNE-PASTA

Salz | 150 g frische Tagliatelle (Kühlregal) | 1 kleine Knoblauchzehe | 100 g gegrillte rote und gelbe Paprika (in Öl; aus dem Glas) | 40 g Vitalkerne-Mix (z. B. Sonnenblumen-, Pinienkerne) | 2 EL Olivenöl | 1 EL italienische TK-Kräutermischung | Pfeffer | 20 g Parmesan

Kernig und aromatisch

Für 1 Person | 15 Min. Zubereitung
Pro Portion ca. 790 kcal, 18 g EW, 59 g F, 48 g KH

1 In einem Topf 1 l heißes Wasser – am besten aus dem Wasserkocher – zum Kochen bringen. Dann salzen und die Nudeln darin nach Packungsanweisung garen.

2 Knoblauchzehe schälen und in dünne Scheiben schneiden. Paprika abtropfen lassen und in ca. 1 cm breite Streifen schneiden. Kerne in einer Pfanne ohne Fett goldbraun rösten und herausnehmen. In derselben Pfanne 1 EL Öl erhitzen, Knoblauch darin bei mittlerer Hitze ca. 1 Min. andünsten. Paprika dazugeben, 1 Min. mitdünsten.

3 Die Nudeln abgießen, dabei 75 ml Nudelwasser auffangen. Nudeln und Kochwasser in die Pfanne geben. Tiefkühl-Kräuter dazugeben und untermischen, mit Salz und Pfeffer würzen. Pasta auf einem Teller anrichten, mit dem übrigen Olivenöl beträufeln und mit den Kernen bestreuen. Den Parmesan darüberreiben.

TIPP

Die Vitalkerne-Mischung können Sie selbst mischen oder fertig kaufen. Auch fein: Die Kerne durch eine Sorte Nüsse ersetzen. Zu der Kombi passen z. B. Cashew-, Walnuss- oder Pekannusskerne sehr gut.

AUBERGINEN-COUSCOUS-PFANNE MIT FETA

Last minute in den Orient: mit Kichererbsen, Feta, Petersilie und Ras el Hanout, der arabischen Gewürzmischung. Aromatischer kann ein Veggie-Gericht kaum schmecken.

- 50 g Instant-Couscous
- Salz
- ½ kleine Aubergine (ca. 100 g)
- 1 Schalotte
- 130 g Kichererbsen (aus der Dose)
- 2 EL Olivenöl
- Pfeffer
- 1–2 EL Zitronensaft
- ½ TL Ras el Hanout (arabische Gewürzmischung)
- 50 g Feta
- 2 Stiele Petersilie

Würziger Sattmacher

Für 1 Person | 15 Min. Zubereitung
Pro Portion ca. 595 kcal, 22 g EW, 31 g F, 55 g KH

1 Couscous und ¼ TL Salz in eine Schüssel geben. 50 ml Wasser aufkochen, über den Couscous gießen und zugedeckt ca. 5 Min. quellen lassen. Inzwischen die Aubergine waschen, putzen und in ca. 1 cm große Würfel schneiden. Schalotte schälen, halbieren und in feine Spalten schneiden. Kichererbsen in einem Sieb kalt abspülen und abtropfen lassen.

2 In einer Pfanne 1 EL Öl erhitzen, Auberginenwürfel darin bei mittlerer Hitze ca. 2 Min. anbraten. Schalotten und Kichererbsen dazugeben und 2 Min. mitbraten. Mit Salz und Pfeffer würzen. Couscous mit dem übrigen Öl in die Pfanne geben, ca. 2 Min. mitbraten. Mit Zitronensaft und Ras el Hanout würzen.

3 Den Feta grob zerpflücken. Die Petersilie abbrausen, trocken schütteln, die Blättchen abzupfen und in grobe Stücke zupfen. Die Couscous-Mischung auf einem Teller anrichten, mit Petersilie und Feta bestreuen. Dazu schmeckt Sahnejoghurt, verrührt mit etwas Harissapaste.

TIPP Die marokkanische Gewürzmischung Ras el Hanout besteht aus 10, 20 und sogar bis zu 40 (!) verschiedenen Gewürzen und Kräutern, u. a. Pfeffer, Gewürznelken, Kardamom, Kurkuma, Muskatnuss, Macis, Piment, Zimt, Chili. Traditionell werden damit Fleisch, Gemüse, Reis und Couscous gewürzt, aber auch für pikante Süßspeisen wird sie verwendet. Ras el Hanout ist im Gewürzsortiment gut sortierter Supermärkte erhältlich.

KÄSE-SPÄTZLE-RÖSTI

100 g frische Eierspätzle (pfannenfertig; aus dem Kühlregal) | 30 g geriebener Emmentaler (aus dem Kühlregal) | 1 Ei | 1 EL Mehl | Salz | Pfeffer | 2 TL Butterschmalz | 1 EL weißer Aceto balsamico | ¼ TL Senf | 1 EL Rapskernöl | 50 g Blattsalate-Mix (z. B. Feldsalat, Pflücksalat, Radicchio; geputzt) | 6 Kirschtomaten | 1 EL Crème fraîche

Ganz einfach

Für 1 Person | 15 Min. Zubereitung
Pro Portion ca. 675 kcal, 25 g EW, 45 g F, 41 g KH

1 Die Spätzle mit Käse, Ei und Mehl verrühren. Salzen und pfeffern. In einer kleinen beschichteten Pfanne (ca. 18 cm Ø) das Butterschmalz erhitzen. Die Mischung hineingeben, flach drücken und bei mittlerer Hitze in ca. 5 Min. goldbraun backen. Rösti wenden und in weiteren 3 Min. fertig backen.

2 Essig, Senf, Salz und Pfeffer verquirlen, das Öl unterrühren. Salat waschen und trocken schütteln. Tomaten waschen und vierteln. Blattsalate und Tomaten in der Vinaigrette wenden.

3 Rösti mit dem Salat auf einem Teller anrichten und mit Crème fraîche essen.

TIPP

Statt der Spätzle können Sie natürlich auch andere Fertigprodukte aus dem Kühlregal verwenden, z. B. Knöpfle oder Mini-Schupfnudeln. Auch Pastareste eignen sich. Achten Sie aber darauf, dass die Nudeln klein sind, damit der Rösti später nicht zerfällt.

TEX-MEX-POLENTA

200 ml Gemüsebrühe | 100 ml Milch | 60 g Instant-Polenta | 50 g Cheddarkäse | 1 Frühlingszwiebel | 1 Dose texanische Gemüsemischung (Mais und Kidneybohnen; 140 g Abtropfgewicht) | 1 EL Olivenöl | ½–1 TL Chilipulver (Gewürzmischung) | Salz | Pfeffer

Cremig und würzig

Für 1 Person | 15 Min. Zubereitung
Pro Portion ca. 685 kcal, 28 g EW, 33 g F, 64 g KH

1 Brühe und Milch in einem Topf aufkochen. Die Polenta einrieseln lassen und mit einem Schneebesen kräftig rühren. Bei mittlerer Hitze einmal aufkochen lassen, dann ohne Hitzezufuhr zugedeckt noch 5–10 Min. quellen lassen.

2 Inzwischen den Käse grob raspeln. Die Frühlingszwiebel putzen, waschen, das Weiße und Hellgrüne in feine Ringe schneiden. Mais-Bohnen-Mix abgießen und in einem Sieb abtropfen lassen.

3 Das Öl in einer Pfanne erhitzen, die Frühlingszwiebelringe bis auf 1 EL und das Bohnen-Mais-Gemüse darin bei mittlerer Hitze ca. 2 Min. anbraten. Mit Chilipulver, Salz und Pfeffer würzen. Gemüsemix und ⅔ vom Cheddar unter die Polenta mischen, noch einmal abschmecken. Auf einem Teller anrichten. Mit dem übrigen Käse, Frühlingszwiebelringen und Chilipulver bestreuen.

TIPP

Die Polenta schmeckt auch super mit cremigem Feta statt mit Cheddar. Dazu den Schafskäse grob zerbröckeln, die Hälfte vom Käse unter die Polenta rühren, restlichen Feta daraufstreuen.

SPINAT-LINSEN-DAL MIT BASMATIREIS

Indischer Küchenzauber ohne Hexerei: Rote Linsen sind geschält, garen ratzfatz und werden dabei gelb. Ingwer und Curry sorgen für Farbe und Aroma.

75 g rote Linsen
150 ml Gemüsefond (aus dem Glas) oder Gemüsebrühe
125 g junger Blattspinat
1 kleine Zwiebel
1 kleine Knoblauchzehe
1 Stück Ingwer (ca. 1 cm)
125 g Basmati-Expressreis
1½ EL Öl
1 TL Madras-Currypulver
1 TL Tomatenmark
Salz | Pfeffer
1–2 TL Zitronensaft

Schmeckt auch Veganern

Für 1 Person | 15 Min. Zubereitung
Pro Portion ca. 635 kcal, 28 g EW, 19 g F, 86 g KH

1 Die Linsen mit dem Fond oder der Brühe in einen kleinen Topf geben, aufkochen und zugedeckt bei mittlerer Hitze 7–8 Min. köcheln lassen, bis die Flüssigkeit fast vollständig aufgesogen ist und die Linsen weich sind.

2 Inzwischen den Spinat verlesen, Blätter waschen und gut abtropfen lassen. Die Zwiebel und Knoblauchzehe schälen und fein würfeln. Den Ingwer schälen und fein reiben. In einem Topf 2–3 EL Wasser erhitzen, Basmatireis hineingeben und zugedeckt bei mittlerer Hitze ca. 3 Min. köcheln lassen.

3 Das Öl in einer beschichteten Pfanne erhitzen. Zwiebel, Knoblauch, Ingwer, Curry und Tomatenmark darin bei mittlerer Hitze unter Wenden 1–2 Min. anrösten. Den Spinat und die Linsen dazugeben und alles gut vermischen. Mit Salz, Pfeffer und Zitronensaft abschmecken, zugedeckt noch ca. 2 Min. ziehen lassen. Den Reis mit dem Spinat-Dal-Gemüse auf einem Teller anrichten.

TIPP

Statt Basmatireis schmecken auch Papadams zum Linsen-Dal. Die Teigfladen gibt es im Asienladen fertig zu kaufen. Einfach auf ein Backblech legen und unter dem vorgeheizten Backofengrill (oben) einige Minuten grillen, bis sie knusprig und goldbraun sind. Dabei wenden und aufpassen, dass sie nicht schwarz werden.

MIT FISCH UND FLEISCH

Soll's flott was Besonderes sein? Dann sind unsere Single-Rezepte bestimmt richtig: Zartes Fleisch und Fischfilets kommen nur kurz in die Pfanne oder gedämpft aus dem Topf und werden durch feine Saucen und raffinierte Gemüsebeilagen mit Satteffekt zum kulinarischen Ereignis.

KABELJAU-SALTIMBOCCA MIT TOMATEN

Der italienische Klassiker im neuen Gewand: Kabeljaufilet brät schonend im Parmaschinken-Mantel und wird durch gedünstete Kirschtomaten, Thymian und Knoblauch glänzend ergänzt.

175 g Kabeljaufilet
Pfeffer
4 Salbeiblätter
4 dünne Scheiben Parmaschinken
1 EL Olivenöl
125 g Kirschtomaten
1 Knoblauchzehe
2 Stiele Thymian
½ EL Butter
2 TL Aceto balsamico
Salz

Low carb und leicht

Für 1 Person | 15 Min. Zubereitung
Pro Portion ca. 480 kcal, 53 g EW, 27 g F, 6 g KH

1 Das Fischfilet waschen, trocken tupfen und in 4 gleich große Stücke schneiden. Mit Pfeffer würzen und mit je 1 Salbeiblatt belegen. Jedes Filetstück mit 1 Scheibe Parmaschinken umwickeln, sodass die Enden unten liegen.

2 Das Öl in einer beschichteten Pfanne erhitzen. Die Fisch-Saltimbocca darin zuerst mit der offenen Schinkenseite nach unten anbraten, dann bei mittlerer Hitze 3–4 Min. weiterbraten.

3 Inzwischen die Kirschtomaten von den Rispen streifen und waschen. Die Knoblauchzehe schälen und in dünne Scheiben schneiden. Den Thymian abbrausen und trocken schütteln.

4 Die Fischstücke wenden. Die Butter in der Pfanne erhitzen. Kirschtomaten, Thymian und Knoblauch in die Pfanne geben und 2–3 Min. mitbraten. Alles mit dem Essig ablöschen, kräftig salzen und pfeffern. Fisch-Saltimbocca und Tomatengemüse auf einem Teller anrichten und sofort servieren. Dazu schmeckt Ciabatta oder Stangenweißbrot.

TIPP **Sie brauchen den Schinken nicht mit Holzstäbchen am Fischfilet zu fixieren. Es genügt, wenn Sie die Päckchen mit der offenen Seite nach unten zuerst anbraten. Dadurch »verschmelzen« die Enden und können sich nicht mehr lösen.**

SPITZKOHL-GNOCCHI-PFANNE MIT LACHS

Kaum in der Küche, schon gemacht: ein Teller Hochgenuss mit Stremellachs, fertigen Gnocchi und zartem Sommerkohl – leicht verschärft mit Senfsahne und Kresse.

200 g Spitzkohl
1 EL Öl
150 g Gnocchi (aus dem Kühlregal)
50 g Sahne
50 ml Hühnerbrühe
Salz | Pfeffer
1 Prise Zucker
1 TL Zitronensaft
100 g Stremellachs (siehe Tipp)
1 EL körniger Senf
¼ Beet Kresse

Saftig und sahnig

Für 1 Person | 15 Min. Zubereitung
Pro Portion ca. 855 kcal, 40 g EW, 48 g F, 64 g KH

1 Den Spitzkohl putzen, waschen und den Strunk entfernen. Den Kohl quer in fingerdicke Streifen schneiden.

2 Das Öl in einer mittelgroßen beschichteten Pfanne erhitzen. Die Gnocchi darin bei mittlerer Hitze unter gelegentlichem Wenden 2–3 Min. rundum goldbraun anbraten. Den Spitzkohl dazugeben und ca. 2 Min. mitbraten. Sahne und Brühe dazugießen, mit Salz, Pfeffer, Zucker und Zitronensaft würzen. Das Ganze bei mittlerer Hitze ca. 3 Min. köcheln lassen.

3 Inzwischen den Stremellachs von der Haut befreien und in Stücke zupfen. Den Senf unter die Spitzkohl-Gnocchi rühren, den Lachs dazugeben. Mit Salz und Pfeffer abschmecken. Gnocchi in einen tiefen Teller geben. Kresse vom Beet schneiden und daraufstreuen. Sofort genießen.

TIPP

Stremellachs ist ein Zeitspar-Hit. Er wird durch Heißräuchern haltbar gemacht, muss also nicht gebraten werden. Einfach in mundgerechte Stücke zupfen und auf die Gnocchi-Pfanne streuen – leicht erwärmt entfaltet er sein Aroma am besten. Wenn er gerade nicht im Angebot ist, können Sie alternativ 80 g Räucherlachs nehmen. In breite Streifen schneiden und unter die Gnocchi heben.

BÄRLAUCH-NUDELN MIT FLUSSKREBSEN

Salz | 100 g Linguine oder Spaghetti | ½–1 rote Chilischote | 1 Knoblauchzehe | 4 Bärlauchblätter (ersatzweise ½ Bund Schnittlauch) | 80 g Flusskrebsschwänze (aus dem Kühlregal) | 2 EL Olivenöl | Pfeffer

Mit Schärfe-Kick

Für 1 Person | 15 Min. Zubereitung
Pro Portion ca. 580 kcal, 23 g EW, 22 g F, 71 g KH

1 Für die Nudeln 1 l Wasser aufkochen, am besten im Wasserkocher. In einen Topf gießen, auf dem Herd erneut aufkochen. Salzen und die Nudeln darin nach Packungsanweisung bissfest garen.

2 Inzwischen die Chilischote waschen, vom Stiel befreien und samt Kernen schräg in Ringe schneiden. Knoblauchzehe schälen und in dünne Scheiben schneiden. Bärlauchblätter waschen, grobe Stiele entfernen und die Blätter in feine Streifen schneiden. Die Flusskrebse in einem Sieb kurz abbrausen und abtropfen lassen.

3 Das Öl in einer mittelgroßen beschichteten Pfanne erhitzen, Chili und Knoblauch darin bei schwacher Hitze ca. 2 Min. braten. Bärlauch dazugeben und kurz unterrühren. Nudeln abgießen, dabei 3 EL Nudelkochwasser auffangen. Beides mit den Flusskrebsen in die Pfanne geben und kurz vermischen. Mit Salz und Pfeffer würzen.

TIPP

Die weißen kleinen Kerne im Inneren der Chilischote sind die eigentlichen Scharfmacher. Wer die Pasta weniger feurig mag, schneidet die Peperoni längs auf und kratzt die Kerne mit einem kleinen Messer heraus. Die Hälften abspülen und in feine Streifen schneiden.

KRÄUTERSEITLING-SCHINKEN-NUDELN

Salz | 100 g Mini-Penne | 100 g Kräuterseitlinge | 75 g Kirschtomaten | 2 Stiele Basilikum | 2 EL Olivenöl | 40 g rohe Schinkenwürfel (aus dem Kühlregal) | Pfeffer | 1–2 TL Zitronensaft | 2 EL Ricotta

Frisch mit Ricotta

Für 1 Person | 15 Min. Zubereitung
Pro Portion ca. 710 kcal, 27 g EW, 31 g F, 76 g KH

1 Für die Nudeln 1 l Wasser aufkochen, am besten im Wasserkocher. In einen Topf gießen, auf den Herd stellen, erneut aufkochen und salzen. Nudeln ins kochende Wasser geben und nach Packungsanweisung garen.

2 Inzwischen die Kräuterseitlinge putzen, größere Pilze längs halbieren, dann in dünne Streifen schneiden. Kirschtomaten waschen und vierteln. Basilikum abbrausen, trocken schütteln, die Blätter abzupfen und grob zerteilen.

3 In einer beschichteten Pfanne das Öl erhitzen, Kräuterseitlinge darin bei mittlerer Hitze unter Wenden ca. 3 Min. anbraten. Die Schinkenwürfel dazugeben und kurz mitbraten. Mit Salz, Pfeffer und etwas Zitronensaft würzen.

4 Die Nudeln abgießen, dabei 5 EL Nudelwasser auffangen. Nudeln und Kochwasser mit den Tomaten und dem Basilikum unter die Pilze mischen. Mit Salz und Pfeffer abschmecken, Ricotta in Flöckchen daraufgeben.

TIPP

Sind gerade keine Kräuterseitlinge im Angebot? Dann nehmen Sie einfach weiße oder braune Champignons!

DORADENFILET MIT MÖHREN-WEIZEN-RISOTTO

Meine Blitz-Antwort auf Italiens Klassiker: In Möhrensaft gegarter Zartweizen bekommt durch Zuckerschoten und Erbsen knackigen Biss. Mit kross gebratenem Fisch ein Traum!

2 EL Olivenöl
1 kleine Zwiebel
70 g Zartweizen (z. B. Ebly)
125 ml Hühnerbrühe
100 ml Möhrensaft
50 g Zuckerschoten
2 Doradenfilets mit Haut (à ca. 100 g; ersatzweise Zanderfilets)
Salz | Pfeffer
50 g TK-Erbsen
1 EL TK-Petersilie
15 g italienischer Hartkäse (z. B. Grana padano)

Italienisch inspiriert

Für 1 Person | 15 Min. Zubereitung
Pro Portion ca. 740 kcal, 57 g EW, 27 g F, 65 g KH

1 In einem kleinen Topf 1 EL Olivenöl erhitzen. Die Zwiebel schälen, fein würfeln und mit dem Weizen im heißen Fett bei mittlerer Hitze 1–2 Min. andünsten. Brühe und Möhrensaft dazugießen, aufkochen und offen bei mittlerer Hitze unter gelegentlichem Rühren 10–12 Min. garen.

2 Inzwischen die Zuckerschoten waschen und schräg halbieren. Die Doradenfilets waschen, trocken tupfen, salzen und pfeffern.

3 Das übrige Öl in einer beschichteten Pfanne erhitzen, die Fischfilets mit der Hautseite nach unten hineinlegen und bei mittlerer bis starker Hitze ca. 2 Min. braten, bis die Haut kross und goldbraun ist. Die Fischfilets wenden und bei kleiner Hitze in ca. 2 Min. fertig braten.

4 Ca. 3 Min. vor Ende der Weizen-Garzeit Zuckerschoten, Erbsen und Petersilie dazugeben, untermischen und zugedeckt bis zum Schluss mitgaren. Risotto mit Salz und Pfeffer abschmecken. Käse frisch darüberreiben. Risotto mit den Fischfilets anrichten.

TIPP

Mit Knoblauch und Thymian erhält der Fisch ein mediterranes Aroma-Plus. Das geht ganz einfach: 1 Knoblauchzehe schälen und halbieren, mit 3 Zweigen Thymian nach der Hälfte der Bratzeit zu den Fischfilets in die Pfanne legen und wie im Rezept beschrieben bei kleiner Hitze fertig garen.

HÄHNCHENFILET MIT ERDNUSS-SAUCE

Rasanz und Raffinesse? Geht das zusammen? Aber ja! Hier treffen sich beide: Während zartes Filet und Pak Choi im Dampf garen, köchelt die leicht scharfe Kokossauce.

Salz
200 g Baby-Pak Choi
1 Hähnchenbrustfilet (ca. 180 g)
Pfeffer
100 ml ungesüßte Kokosmilch (aus der Dose)
3 EL Gemüsebrühe
2 TL Erdnusscreme (siehe Tipp)
2 TL Sojasauce
½–1 TL Sambal oelek
2 TL Limettensaft
½ TL Zucker
1–2 Spalten von 1 Bio-Limette

Küchengruß aus Asien

Für 1 Person | 15 Min. Zubereitung
Pro Portion ca. 455 kcal, 49 g EW, 25 g F, 10 g KH

1 In einen Topf oder Wok so viel Wasser gießen, dass es etwa 2–3 cm hoch steht. Zum Kochen bringen und salzen.

2 Inzwischen den Pak Choi waschen, putzen und der Länge nach halbieren. Pak Choi in einen Dämpfeinsatz legen (Bild 1). Das Hähnchenfilet waschen, trocken tupfen und in 3 Portionsstücke schneiden. Auf den Pak Choi legen, mit Salz und Pfeffer würzen. Den Dämpfeinsatz auf den Topf setzen (Bild 2), mit dem passenden Deckel verschließen und alles zugedeckt bei mittlerer Hitze in 8–10 Min. dämpfen.

3 Inzwischen für die Sauce in einem Topf die Kokosmilch mit der Brühe, Erdnusscreme, Sojasauce und Sambal oelek mischen und unter Rühren aufkochen lassen (Bild 3). Die Sauce bei schwacher Hitze zugedeckt 2–3 Min. köcheln lassen. Mit Limettensaft, Zucker und Salz abschmecken.

4 Hähnchenfilet und Pak Choi auf einem Teller anrichten, die Erdnuss-Sauce dazu servieren. Die Limettenspalten zum Beträufeln dazu reichen (Bild 4). Dazu schmeckt Express-Reis oder einfach Weißbrot.

TIPP **Bei Peanut-Butter können Sie zwischen zwei Sorten wählen: Wer es creamy mag, nimmt für die Sauce fein-cremige Erdnusscreme. Wer es crunchy bevorzugt, greift zu stückiger Erdnusscreme.**

1

2

3

RUMPSTEAK MIT MAIS-SALSA

2 EL Olivenöl | 1 Rumpsteak (ca. 180 g) | Salz | Pfeffer | 1 Dose Mais (140 g Abtropfgewicht) | 1 rote Spitzpaprika | 1 Frühlingszwiebel | 1 Tomate | 1 EL Jalapeño-Peperoni (geschnitten; aus dem Glas) | 1 EL Limettensaft | ¼ TL gemahlener Kreuzkümmel | 10 g Kräuterbutter (selbst gemacht: siehe Rezept Umschlagklappe hinten, oder fertig gekauft)

Mexikanisch und würzig-frisch

Für 1 Person | 15 Min. Zubereitung
Pro Portion ca. 720 kcal, 49 g EW, 39 g F, 40 g KH

1 In einer Grillpfanne 1 EL Öl sehr stark erhitzen. Das Steak trocken tupfen, die Fettkante mit einem scharfen Messer mehrfach quer einschneiden und das Steak im heißen Fett von jeder Seite ca. 1 Min. scharf anbraten. Hitze reduzieren, Fleisch wenden und auf jeder Seite 1 – 2 Min. weiterbraten. Das Steak beidseitig salzen und pfeffern, herausnehmen, in Alufolie wickeln und 5 Min. ruhen lassen.

2 Mais abgießen, abbrausen und abtropfen lassen. Paprika putzen, längs halbieren, entkernen, waschen und in kleine Würfel schneiden. Frühlingszwiebel putzen, waschen und in feine Scheiben schneiden. Tomate putzen, waschen und klein würfeln. Die Jalapeños abtropfen lassen und klein schneiden. Alles in einer Schüssel mit dem Limettensaft und dem übrigen Olivenöl mischen. Mit Salz, Pfeffer und Kreuzkümmel würzen.

3 Das Steak mit der Kräuterbutter und Salsa anrichten. Dazu passt frisches Stangenweißbrot.

TIPP

Für einen Frischekick 2 – 3 Stiele Koriandergrün abzupfen, hacken und unter die Salsa mischen.

MINUTENSTEAKS MIT ZUCCHINI-KAPERN-SAUCE

4 dünne Minutensteaks vom Schwein (à ca. 40 g) | Salz | Pfeffer | 150 g kleine Zucchini | 1 Knoblauchzehe | 2 EL Olivenöl | 1/4 TL getrockneter Thymian | 5 EL Sahne | 1 EL Kapern und 1–2 TL Kapernsud (aus dem Glas) | 1 EL Schnittlauchröllchen

Aromatisch pikant

Für 1 Person | 15 Min. Zubereitung
Pro Portion ca. 655 kcal, 39 g EW, 52 g F, 7 g KH

1 Die Steaks trocken tupfen, mit Salz und Pfeffer würzen. Zucchini putzen, waschen, längs vierteln und in dünne Scheiben schneiden. Knoblauchzehe schälen und fein hacken.

2 In einer Pfanne 1 EL Olivenöl stark erhitzen. Das Fleisch darin auf jeder Seite 1–2 Min. braten, salzen und pfeffern. Fleisch herausnehmen.

3 Zucchini und Knoblauch mit dem übrigen Öl in der Pfanne unter Rühren ca. 2 Min. anbraten. Mit Salz, Pfeffer und Thymian würzen. Sahne angießen, aufkochen und 2–3 Min. bei schwacher Hitze köcheln lassen. Kapern und -sud unterrühren, Fleisch in die Sauce legen und mit Schnittlauch bestreut servieren. Dazu passt frisches Weißbrot.

VARIANTE

RINDERMINUTENSTEAKS MIT TOMATEN-KAPERN-SAUCE: 2–3 dünne Rinderhüftsteaks (ca. 160 g) in einer Pfanne in 1 EL Olivenöl von jeder Seite bei starker Hitze ca. 1 Min. anbraten. Herausnehmen, salzen und pfeffern. 1 Dose stückige Tomaten (200 g) und 1/4 TL getrockneten Oregano in die Pfanne geben, 2–3 Min. kochen lassen. Mit 1 EL Kapern, Salz, Pfeffer und 1 Prise Zucker würzen. Fleisch in die Sauce legen und kurz ziehen lassen.

TATAR-FRIKADELLE MIT ROTE-BETE-GEMÜSE

Manchmal gönne ich mir ganz was Feines: eine Frikadelle aus Beefsteaktatar mit Kapern und Senf. Ultrafix gebraten und mit einem Spiegelei on top ist sie für mich ein echtes Highlight.

150 g Beefsteaktatar (von der Rinderhüfte)
1 TL Kapern (aus dem Glas)
1 Eigelb
Salz | Pfeffer
½ TL Dijon-Senf
1½ EL Öl
250 g gegarte Rote Beten (vakuumiert; aus der Gemüseabteilung)
1 TL Butter
2 TL Aceto balsamico
frisch geriebene Muskatnuss
1 Ei
1 Gewürzgurke

Einfach raffiniert

Für 1 Person | 15 Min. Zubereitung
Pro Portion ca. 635 kcal, 39 g EW, 46 g F, 18 g KH

1 Das Tatar in eine Schüssel geben. Die Kapern fein hacken, mit dem Eigelb, Salz, Pfeffer und Senf zum Tatar geben und alles gut verkneten. Aus der Masse einen flachen Burger formen. In einer kleinen beschichteten Pfanne ½ EL Öl erhitzen, die Frikadelle darin von jeder Seite 1–2 Min. braten.

2 Inzwischen die Roten Beten in ca. 1 cm große Würfel oder Scheiben schneiden. Das übrige Öl und die Butter erhitzen, die Roten Beten darin ca. 3 Min. dünsten. Mit dem Essig ablöschen, mit Salz, Pfeffer und Muskat würzen.

3 Die Frikadelle aus der Pfanne nehmen und mit dem Rote-Bete-Gemüse anrichten. Das Ei im restlichen heißen Bratfett bei mittlerer Hitze zu einem Spiegelei braten, salzen und pfeffern. Spiegelei auf die Frikadelle setzen. Die Gurke schräg in Scheiben schneiden und dazu legen. Als Beilage passt geröstetes Bauernbrot.

TIPP

Wenn ich unterwegs bin und mittags keine Zeit zum Kochen habe, packe ich mir einen Tatar-Burger mit Roten Beten ein. Dazu den Burger wie beschrieben zubereiten und kurz braten. 1 Vollkornbrötchen aufschneiden, beide Hälften toasten und mit je 1 TL Crème fraîche bestreichen, mit Salz und Pfeffer würzen. Von 1 gegarten Roten Bete 3 dünne Scheiben abschneiden. 1 Cornichon schräg in Scheiben schneiden. Die untere Brötchenhälfte mit einem Salatblatt belegen, darauf erst den Burger, dann die Rote-Bete- und Gurkenscheiben legen. Mit der zweiten Brötchenhälfte bedecken.

REGISTER

Damit Sie Rezepte mit bestimmten Zutaten noch schneller finden, sind in diesem Register auch beliebte Zutaten wie **Nudeln** oder **Tomaten** alphabetisch eingeordnet und hervorgehoben. Darunter finden Sie das Rezept Ihrer Wahl.

Projektleitung: Sabine Sälzer
Lektorat: Edelgard Prinz-Korte
Korrektorat: Adelheid Schmidt-Thomé
Innen- und Umschlaggestaltung: independent Medien-Design, Horst Moser, München
Herstellung: Renate Hutt
Satz: Kösel, Krugzell
Reproduktion: medienprinzen GmbH, München
Druck und Bindung: Firmengruppe APPL, aprinta druck, Wemding
Syndication: www.seasons.agency
Printed in Germany

3. Auflage 2018
ISBN 978-3-8338-5016-5

www.facebook.com/gu.verlag

GRÄFE UND UNZER
Ein Unternehmen der
GANSKE VERLAGSGRUPPE

Die Autorin

Martina Kittler, Diplom-Ökotrophologin und Sportwissenschaftlerin, machte ihre Leidenschaft fürs Kochen und Backen zum Beruf. Als freie Food-Journalistin weiß sie den Balanceakt zwischen ausgewogener Ernährung und knapper Zeit spielend zu meistern. Martina Kittler hat bereits viele erfolgreiche Kochbücher bei GU veröffentlicht.

Die Fotografinnen

Ulrike Schmid und **Sabine Mader** arbeiten seit Jahren als eingespieltes Team in ihrem Fotostudio **Fotos mit Geschmack**. Geholfen hat bei dieser Produktion **Petra Martin**.

Bildnachweis

Titelfoto: Janne Peters, alle anderen Fotos: Fotos mit Geschmack

Titelrezept

Tatar-Frikadelle mit Rote-Bete-Gemüse (S. 58)

Umwelthinweis:
Dieses Buch ist auf PEFC-zertifiziertem Papier aus nachhaltiger Waldwirtschaft gedruckt.

QUALITÄTS GU GARANTIE

Liebe Leserin, lieber Leser,

haben wir Ihre Erwartungen erfüllt? Sind Sie mit diesem Buch zufrieden? Haben Sie weitere Fragen zu diesem Thema? Wir freuen uns auf Ihre Rückmeldung, auf Lob, Kritik und Anregungen, damit wir für Sie immer besser werden können.

GRÄFE UND UNZER Verlag
Leserservice
Postfach 86 03 13
81630 München
E-Mail:
leserservice@graefe-und-unzer.de

Telefon: 00800 / 72 37 33 33*
Telefax: 00800 / 50 12 05 44*
Mo–Do: 9.00 – 17.00 Uhr
Fr: 9.00 – 16.00 Uhr
(gebührenfrei in D, A, CH)*

Ihr GRÄFE UND UNZER Verlag
Der erste Ratgeberverlag – seit 1722.

Backofenhinweis:
Die Backzeiten können je nach Herd variieren. Die Temperaturangaben in unseren Rezepten beziehen sich auf das Backen im Elektroherd mit Ober- und Unterhitze und können bei Gasherden oder Backen mit Umluft abweichen. Details entnehmen Sie bitte Ihrer Gebrauchsanweisung.

Appetit auf mehr?

ISBN 978-3-8338-4466-9

ISBN 978-3-8338-5017-2

ISBN 978-3-8338-3966-5

Laden im App Store

ANDROID APP BEI Google play

ISBN 978-3-8338-3965-8

ISBN 978-3-8338-3962-7

Alle hier vorgestellten Bücher sind auch als eBook erhältlich.

G|U

Willkommen im Leben.

Mehr von GU auf **www.gu.de** und
facebook.com/gu.verlag

DREI TOLLE BEILAGEN: GANZ FIX GEMACHT

Erst die passende Beilage macht ein Hauptgericht perfekt. Ob Kartoffeln, Reis oder Polenta – hier finden Sie drei flotte Begleiter für Steak, Bratfisch, Pilzragout & Co.

THYMIAN-BRATKARTOFFELN

Für 1 Person: 3 Zweige Thymian abbrausen, trocken schütteln, grob zerzupfen. 1 ungeschälte Knoblauchzehe mit einem Messer andrücken. 200 g Frühkartoffeln oder Drillinge waschen, abtrocknen und je nach Größe halbieren oder vierteln. 2 EL Olivenöl in einer beschichteten Pfanne erhitzen. Kartoffeln, Thymian und Knoblauch darin bei mittlerer Hitze in 10 – 12 Min. unter Wenden goldbraun braten. Mit Meersalz und Pfeffer würzen. Thymian-Bratkartoffeln passen zu kurz gebratenem Fleisch, Geflügel und Fisch.
Sie können auch 1 – 2 geschälte festkochende Kartoffeln in 1 cm große Würfel schneiden und wie beschrieben braten.

BASILIKUM-POLENTA

Für 1 Person: 150 ml Milch und 75 ml Gemüsebrühe aufkochen. 30 g Instant-Polenta unter Rühren mit einem Schneebesen dazugeben, kurz aufkochen und bei schwacher Hitze zugedeckt ca. 5 Min. quellen lassen. Inzwischen die Blätter von 2 Stielen Basilikum abzupfen und in feine Streifen schneiden. Mit 1 EL weicher Butter und Salz gut vermischen. 10 g italienischen Hartkäse (z. B. Grana padano) fein reiben. Basilikumbutter und Käse unter die Polenta rühren, mit Salz und Pfeffer würzen. Auf einem Teller mit 1 – 2 Basilikumblättern anrichten. Die Polenta passt nicht nur zu gebratenem Fleisch und Fisch, sondern auch zu Gemüse- und Pilzragouts.

MANDEL-MÖHREN-REIS

Für 1 Person: 75 g 10-Minuten-Langkornreis in kochendem Salzwasser nach Packungsanweisung garen. 1 kleine Möhre putzen, schälen und raspeln. 10 g Butter in einer kleinen Pfanne erhitzen, 10 g gehobelte Mandeln darin bei mittlerer Hitze unter Wenden goldbraun rösten. Möhren zugeben und 1 – 2 Min. mitdünsten. Reis abgießen und mit den Möhren-Mandeln mischen. Mit Salz und Pfeffer würzen. Möhren-Mandel-Reis passt zu Geschnetzeltem mit Fleisch, Geflügel und Fisch und zu würzigen Currys.
Oder: Statt der Möhren 3 Stiele Petersilie waschen, trocken schütteln, abzupfen, hacken und unter die Mandeln mischen.